AF390961

Los años del insomnio

Ana Ivis Cáceres De La Cruz

Editorial Dos Islas

LOS AÑOS DEL INSOMNIO

ANA IVIS CÁCERES DE LA CRUZ

DEDICATORIA

A Anett Castellón por mía, a mi hermana Aracelys Cáceres por ser mi antítesis y a todo el que me ama desde cualquier contexto o dimensión.

*Todo lo que nos sucede,
incluso nuestras humillaciones,
nuestras desgracias, nuestras vergüenzas, todo nos es
dado como materia prima, como
barro, para que podamos
dar forma a nuestro arte.*
JORGE LUIS BORGES

EL ÁNIMA QUE ESCAPA DEL CAFÉ

Sorprende -y hasta desconcierta por momentos- el lenguaje de tacto suave con que Ana Ivis Cáceres enhebra versos como si derribara obstáculos que le impiden mostrar las esencias de su yo íntimo. Se trata de un proceso recreativo que parece ser fruto de la espontaneidad más que de un diseño preestablecido. Tal vez por ello me recuerda esa evolución natural que impone a las nécoras desprenderse periódicamente del exoesqueleto como requerimiento indispensable para seguir creciendo.

"Los años del insomnio", nuevo poemario de Ana Ivis, es un cumplido muestrario de esa manera de poetizar sacando a flote las sombras interiores, pero como quien no quiere la cosa, a través de visiones, pensamientos, rumias o simples rememoraciones de aspecto engañosamente efímero, ya que discurren a contracorriente, quedándose al pasar, en tanto llevan el fondo en la superficie: No soy normal ni lo deseo,/excavo donde la paz no es un holograma,/con las uñas desnudo la cueva y sus heridas,/el charco refleja los secretos,/un apellido gobierna la fe,/poeta de provincia con la patria al norte de la mesa... Son filtraciones del gas de la conciencia, o del inconsciente, vertidas en poemas de llana exactitud, a veces breves y macizos como perdigones, y otras veces tiernos igual que lirios del valle, muguet cuya delicadeza no es sino escudo vegetal a prueba de remolinos y aguaceros: Como muguet a la primavera/persigo un tren en marcha/para evitar se escape lo vivido...

La más notable distinción de este libro (al menos para mí) es su capacidad para atrapar el interés del lector sin valerse de artificios idiomáticos ni alardes en el procedimiento. Es construcción con que la poeta no parece responder a otro trazado que no sea el de largar los bofes mediante un discurso asimétrico, ditirámbico en ocasiones, dispuesto para aprovechar al máximo la fuerza unitaria de cada pieza, encadenándolas todas en vaivén como la marea. En otoño/Puedo ser/los pies descalzos de la madrugada,/humo de hoguera,/consomé bajo en rencor,/palabra a fuego medio,/insomnio,/gota de espasmo en la cubierta,/un camino al no retorno,/una pizca de sal en la fortuna./Puedo ser el golpe/que devuelve la inocencia... La organicidad de los versos radica en el estilo (transparente y fino) con que fueron delineados. Y su coherencia depende del tono intimista, de su mera diafanidad. Un pergamino me declara en soledad/como sonajero que hace mute contra la brisa...

En "Los años del insomnio" nos cautiva la dicotomía de una voz poética que no aspira sino a presentarse amablemente ante el mundo exterior, pero acaba replegada en sí misma, con lo cual potencia sus altos decibelios. Es sobriedad expresiva que no busca electrizar a nadie con ganchos de la prosopopeya u otros rebuscamientos al uso, sino que destila desde las honduras con una cierta inocencia: No es Fiodor Dostoyevski,/es el ánima que escapa del café... Y es, en fin, poesía de inspiración clásica, aun cuando la poeta no se haya inspirado necesariamente en los clásicos para escribirla.

José Hugo Fernández.
Miami, noviembre de 2022.

LOS AÑOS DEL INSOMNIO

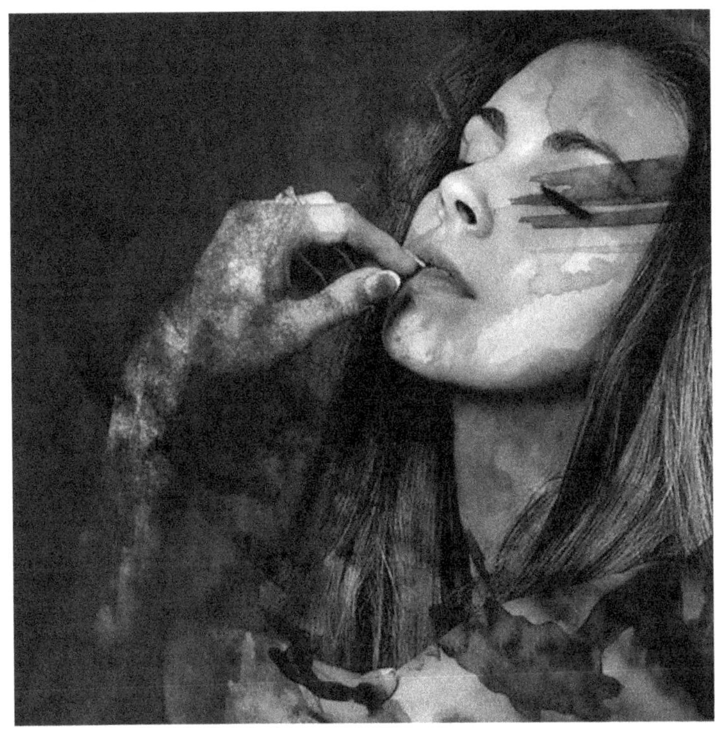

ADJETIVO

Como nombro las cosas que se atascan
en el umbral de la certidumbre,
hijo enigma
padre muerte
madre enjambre
roza el adjetivo un aneurisma que se explota
en la reescritura de un verso,
en la corrección de un título,
en el reposo sin tiempo,
en el signo de interrogación
que cada mañana me flajela.
Se cuela entre las líneas que estrangulo,
en el sexo sin fe de las
alarmas,
en la cena sin plato fuerte,
en el discurso del descreído,
en las extensiones
y en la fase terminal de la palabra.

AUTORETRATO EN SEPIA

Soy píldora para el insomne que guarda
en la guantera tres mil millas,
crucigrama hecho gesto,
agnóstica deidad
que escupe la merienda a los peces
y rama que del árbol se aparta.
Virus.

Cuando repaso una vida que me
invento,
es una coma en la lista del mercado.
Soy novia de todos los poemas
aún no escritos,
seudónimo con fecha de expiración,
la disculpa que le niego a mi padre.
Soy lego en desenfado,
apocalipsis
del polvo de café,
Ana.

Restos de mujer

Puedo ser
el asombro frente al guiño de lo incierto,
marcha nupcial con quien fracasa,
esquelética sombra de un lienzo que se malogra,
bofetada al sexo sin amor,
irreverente.

En otoño/
Puedo ser
los pies descalzos de la madrugada,
humo de hoguera,
consomé bajo en rencor,
palabra a fuego medio,
insomnio,
gota de espasmo en la cubierta,
un camino al no retorno,
una pizca de sal en la fortuna.
Puedo ser - el golpe
que devuelve la inocencia
y el capítulo siete.

SUERTE ADVERSA

Como una quemadura
en sanación,
la casa muda su piel en los rincones,
entrecierra los ojos,
olvida "los días de gloria",
mientras el ganado asoma la demencia.

Prescindo/
Las arterias muestran el violeta,
manos que reprimen,
recuerdos con un síndrome extraño.
La disculpa
convierte en Boulevard el ángulo de la cintura
hacia el abstracto corredor,
las cabillas del techo en marcha nupcial del Arlequín
con la miseria.

Aquí,
donde lo irreal presume traje de domingo,
y se viste de largo incoherente,
espero,
con piedras sobre el lecho,
la sentencia.

PARVEDAD

Aroma de hombre en la cocina
- Máscara al sabor de la existencia.
Primer plato,
la portada del libro al sur del vientre.
Asfixia la cintura el vaho que escapa de la olla,
porciona una verdad lactante,
la sirve junto a un postre que no pruebo.

En los ojos,
una danza de manos que desgarra la piel,
mezcla el jugo que agoniza ante lo prohibido
y rompe el ayuno.

Un río de burbujas por la espalda
un cordón de grumos
hacia la frontera.
Habitan la certidumbre,
desgranan ojos sobre la capa
que cubre los órganos

una cueva sin pintura rupestre
un jarrón de flores rotas,
palabras que niegan dividirse.
Allí habita la espera,
sus latidos,
la sutil manía de encontrar
la luz al fondo de la nada.

II

Otro día bajo la cascada,
moldea,
crispa los poros,
translúcida silueta cubre la bañera.

Lámpara de noche,
miradas que alumbran pesadillas.

En la espuma se ahoga
un intento de ser,
un cuerpo sin triángulos.

Rojos lunares
desnudos sobre el lienzo,
como una mirada
del señor de la esquina,
algo más que una pompa de jabón.

ANOMIA

Entre el miedo y la ignorancia,
el transeúnte pasea la frontera.
Busco en su interior la fe,
cuelgo un gladiolo en sus pulmones.
El único sonido es el
choque entre cuerpos sin aliento.

Las sirenas provocan arritmia/
No hay despedida
ni respuesta.
Mientras la oficialidad conforta al invidente,
muchos parten al sur de la verdad
como colchón de hojas en otoño.

No hay descanso ni paz,
ni flores en la losa que guarda el apellido.

METÁSTASIS

Un extraño habita el brazo de saludar banderas,
planea expandirse,
mutilar atributos de conquista,
pero lo asfixio con el filo de un verso,
con el olor a especias en medio de la tarde.

En la cazuela donde marino carcajadas,
convulsiona ante el abrazo de mi hijo,
junto al jarrón de girasoles rotos,
en el punto sin coma,
en el juego que libera el placer
y muere...

Cuando resbala como declaración de asombro,
es el poema de un desconocido
por la curva de la espalda.

IRREFLEXIÓN

A Broselianda

Baja del escenario,
tiembla el vientre con máscara after party.
Monta al lomo de un ave,
se viste de ola,
moneda al fondo de la fuente,
bolso con versiones de antaño,
un teatro,
el público,
un telón que desgarra la utopía
y un papel secundario en la mirada.

Sorprende el antebrazo que asfixia,
una almohada detiene el golpe en el costado,
una ráfaga de nombres,
ironía,
amantes en el éter se revuelcan
como si fueran polvo de estrellas,
desatan sobre el miedo los gemidos,
una historia,
cien cuartillas.
Un poema de Dickinson resbala en la pared,
una sombra chinesca, entre el incienso y la cortina, (en estupor)
rehúsa amanecer.
Estamos en un sitio
estadísticamente devastado.

CUANDO AMANECE

Duermo la transparencia,
el gallo desafina,
el gris choca con el gesto que se frunce,
suena la alarma del vecino y no basta la rabia.
Un cláxon le da vida a mi silencio.
deja de ser causa en las
voces de un libro,
masónica señal en el Parnaso.

Un matrimonio muere a pesar de convenios,
malabar in crescendo,
lista de mercado.
Cualquier motivo es válido para el insomne.
El universo desdibuja la prisa,
el sexo,
el vicio, la cicatriz
que desvela al culpable.

II

Culpable
de no olvidar a Marimón en el infierno donde es
bibliotecario,
de estrujar la cuartilla sin reproche tras un verso
fallido.

III

Culpable
de la pierna en movimiento,
acuarela de rostro en los rincones,
danza a la certidumbre,
los múltiplos de tres.
Eclipse en la mirada del escriba,
olor a alcohol en el último poema
y unos ojos que cierran la ventana.

LIKECOHÓLICO ANÓNIMO

Adicto al susurro debajo de las sábanas,
con una mano de la isla toco los rincones,
pantano donde naufraga el disidente;
burla el vicio sin causa,
la retorcida manía de existir.

Provoca arritmia una ciudad en fase terminal,
el pregón convida al salto del Ángel,
del Ángel Escobar,
prohíbe los gemidos.
Hueso que se enfría y maldice a la patria,
a la miseria,
al alcohol que se escurre por las piernas,
a la certeza de una pesadilla.
Anónimo como los hijos que no tuve,
sin bitácora,
brújula,
bandera,
derramo entre las sábanas dos libros,
mi excusa con espasmos
como un signo de exclamación.

He cambiado de rostro para borrar la angustia,
redistribuyo los lunares para que no reconozca las
fotos de mi cuerpo,
invado el pasado de una casta que besó las mismas
bocas,
comió del mismo cazo y
compartió literas.
Me presento...
como el anormal que colecciona notas
en la postrimería del verbo.
Cuando las arterias pintan la casa como Frida
o como el hurón de Carlos Enrique,
o como una cartulina de Servando,
simula que todo empieza mientras
firma un testamento,
reparte a cada hijo un verso, se retira en la palabra,
la maldita palabra que me acusa de poema sin
dedicatoria,
el que no se publica,
el que lo eclipsa todo.

La mitad del malecón
reclama su fragmento de bahía,
el azul del silencio.
Decapito al pasado y
con las astillas monto un mosaico de lo que pudo ser.
Disputa entre colores,
el blanco cubre una verja y el mañana,
un color pastel en lo intangible,
en el humo que no aspiras, en la conformidad del
iletrado,
en el desencuentro y la mirada.

Negro en la cúpula, carente de bandera,
es el futuro de una isla
con nombre de tonel.

Escarlata la mentira,
la necedad de los que juzgan,
la mano que estrangula
y el camino que conduce
a otra orilla de la realidad,
a otra mirada.

El destino de Calvert

Leo a Casey
descontamino arterias de retorno,
dreno la inepcia de ser infiel con el deseo,
pierdo la adicción de tilde en la palabra que somete.
Cargo la deuda de
ser progenitor del capitan de espasmos
(callejeros)
la desidia,
de la anfitriona de reproches,
del miedo a los altares.
Mientras leo
resbalan por la espalda mil insomnios,
la respuesta que niega el funcionario,
"todas las hambres"
(acta de nacimiento)
un alias,
un lugar al que no pertenezco y
un ticket sin fecha
ni destino,
resurrección
ni causa.

POST

Cuelgo una foto como
prueba de aire,
la reacción me nomina: presa
de lenguas que no caben en la inocencia
pese al malversador de angustias,
a la irreverencia que no se justifica.
La imagen invoca al estado del tiempo en un día de
nubes,
gesto del girasol en medio de la noche
 o la cola de un animal que le teme
al cláxon y al abismo.
Pasea hasta el insomnio del escriba,
hace un guiño a la queja,
reclama el derecho vitalicio a la impronta
y la manía de marcar el espacio.
El expectante,
es ya un dolor reflejo que descarta el peligro,
al lado contrario del latido
y la disculpa.

IMAGEN VIRTUAL

Morí en el cumpleaños de mi padre
cuando el Chevrolet 57 partió el corazón del abuelo,
cuando descubrí que las luces verdes eran luciérnagas
y no hadas,
el día que mi madre quemó el cuerpo como regalo de
quince,
cuando encontré el libro de Dostoievski en la tapa del
váter,
morí en la cabaña de Tom tan viejo y sabio,
en el primer beso que me supo a saliva y me dió
arcadas,
en la ropa que voló por el jardín,
morí al dejar la escuela
un año en el que los amigos abofeteaban a Vallejo,
en la voz del profesor de marxismo,
morí en el tren donde perdí la infancia,
en las auditorias,
en los vicios,
en el turismo,
detrás del mostrador que me pintaba poderosa y
esclava,
en el parto de mi hija,
en los hombres con los que no traicioné al esposo
muerto,
en la paleta del pintor,
en las quemaduras de unas piernas,
en la bolsa de mariguana del último mohicano,

en el vientre del sofá,
en la isla con nombre de tonel que no flota,
en el momento que asoma el fin de un libro,
en la voz del actor,
en la mirada del poeta,
morí...
justo ahora
en una algarabía de gorriones.

1972

Tengo una página del libro que no leo,
mil lunares,
y una soledad llena de rostros,

Trueco palabras por libertad sin disidencia,
las cuelgo de mis ojeras
para burlar el cambio de la hora,
el día del poeta,
la primavera.

Llevo enterrada una espina en el origen,
hecho añicos el sendero de la ubicuidad,
un puñado de reproches a la patria.

No maquillo la deuda ni el pasado,
ni al pie que aplasta a otra generación perdida.

Tengo/
los años del insomnio,
de " El padrino" de Coppola,
del estallido de un avión en los Andes,
del fútbol uruguayo.

Un adjetivo en la puerta niega la entrada
de los hijos,
abre mi colección de sobrinos
y una queja.

Tengo todo menos la esperanza,
que este mar revuelto
se convierta en sal.

No es Dostoievsk

Resistencia al cambio

Existo en un espacio
donde el minimalismo tropieza con la miseria,
cada intento de seducción cuelga de una metáfora,
el sexo tartamudea y la existencia
yace en cuidados intensivos.
El ronroneo de la certidumbre
es el traje del optimista,
quien triunfa con un lema,
(1,2,3)
y morimos...
carcajada entre paréntesis;
motivo para abrirse las venas,
drenar la cavidad donde el rencor se esconde.
Después de muchos versos
el tribunal de la cordura viola el ostracismo,
la máscara del invulnerable,
rueda por las escaleras de una mirada...
al descubierto.

El universo niega la existencia
a pesar de amigos, personajes,
rostros miles,
colección de filatelia.
Existo/
virtual o inaccesible.
Reniego en defensa propia de todo lo que obstruye,
política,
consignas,
religiones,
rostros con máscaras.
Niego la existencia detrás de una pantalla que desfiguro
a versos
con el olor de estas letras.
Niego
que me gusta el sexo en la mañana,
el alcohol sin adorno,
la verdad en re mayor,
que me asfixia el dolor de mi hija.
Niego
que el abuelo me observa,
que la muerte no existe,
que somos energía,
que libera el último castigo
y la silueta con resaca.

No es Fiodor Dostoyevski,
 es el ánima que escapa del café.

II

Puerta a la decadencia,
ebrio el sueño,
los planes se ahogan
y la muerte es un libelo que insulta.
Como la patria,
la cueva queda ciega, casi extinta,
fósil que sobrevive a la culpa,
sexo sobre la tela de una araña.

Una esquina de azules rompe la
abstinencia y la pierna del libro que no
escribo. Provoca náusea pensar en futuro,
en la mugre debajo del que miente,
en el discurso a capella del descreído
y en la sonrisa retorcida del bastardo.

Be about it

Desde el equinoccio,
temo colgar la mano fuera de la manta,
una voz dicta versos,
sueño con un ojo que asoma a la pielera.
El miedo me obliga a leer
cuando debía dormir,
anfibio sin corona y besos rotos
se enfrenta a la piel,
a los demonios,
al cambio del cabello,
al reto y la censura.

Pasa la cuaresma/
Tomo por el cuello hasta el azul,
violo argumentos,
signos de puntuación,
porqués,
cierro el ciclo en el alumbramiento y el hijo
se convierte en símbolo infinito,
habitación sin esquinas,
respuesta.

Altas definiciones

APRENSIÓN CONCEPTO . //

1. Pánico a estar sola en concurrencia,
al relámpago en los ojos del oficio,
a la bigamia,
a la muerte con símbolos vitales,
a lo que escondes debajo de la alfombra,
al sistema que condena sin causa,
a la mirada detrás de los espejos.

2. f. Fobia a no escuchar una alarma de guerra,
la frase que provoca ansiedad,
cien latidos que obligan al ayuno.

3. Miedo a creer en lo que enferma,
a la inteligencia que disfraza un tatuaje,
a la boca que no miente,
al deceso.

CAUDAL ACEPCIÓN . //

1. f. No espero detrás una pantalla
a que pase la duda,
muera el presidente,
alguien robe de la nube
los mensajes,
o un gesto se suicide en la palabra.

2. No hago fotos a la salida del colegio
a un diente de león ni a un girasol silvestre.

3. No soy esposa del poeta,
la patria de mi hijo,
chofer en fuga,
la viuda de un Mariner,
amiga de tu hermano,
no pinto de blanco las paredes
ni cuelgo un atrapasueños en las entrañas.

[ACCIÓN Y EFECTO]

1. Puedo ser la cruz de una señora,
poema sin final,
la falta de pudor,
antagónica imagen de una escena,
la voz del arrepentimiento,
un origami,
o el corchete que sobra en la cuartilla.

1. No soy normal ni lo deseo,
excavo donde la paz no es un holograma,
con las uñas desnudo la cueva y sus heridas,
el charco refleja los secretos,
un apellido gobierna la fe,
poeta de provincia con la patria al norte de la mesa.

2. Caverna: prejuicio,
prevención ante la duda,
cuartilla que no escribo,
marcha en sandalias,
estanque sin imagen,
gruta donde se esconden los milagros.

PUERICIA DEFINICIÓN . //

1. Odio la bata verde
que rompió la piel bajo los brazos,
al padre que no ha muerto,
a la hija mayor que soy,
al paño en la cabeza para asfixiar los piojos.

2. Adicción al abrazo del abuelo,
al silencio en compañía,
a los viernes y domingos,
al olor de la leche cuando hierve,
a La cabaña del tío Tom de Harriet,
a descubrir los secretos de la Logia.

Hervidero sinónimo . //

a) El aire huele a hormigas,
suicidio multitudinario,
velatorio sin lágrima,
queja
o reproche,
como la secta de los filipinos,
el silencio impacienta la noche de un poema (sucio)

b) El aire viola los secretos y la fértil manía de cambiar
el rumbo,
la lógica,
el reloj.

II Definición otra . //

1. Entierro de una vergüenza ajena,
restos de postre en la alfombra,
sacrificio.
La colonia desvía el rumbo para sobrevivir
al veneno en la cena,
a la piedra en el ojo,
parte al otro extremo de la lógica
sin idioma ni señales de tránsito,
a enfrentar peligros otros,
miserias con brillo,
nieve de colores,
lágrimas "sin patria pero sin amo",
sin muerte,
ni vida.

DEUDO SIGNIFICADO . //

A Aracelys Cáceres

1. Un citrus de lima,
un mandarino,
la cerca de maguey,
armonía tintineando en los horcones,
la miseria al centro de la mesa,
un sollozo,
un disparo,
dos años
nueve meses,
título de mayor tras su llegada,
papel secundario,
(ánima sola)

NOTA. Se adueñó de los padres estrepitosamente,
descargué la ira en su costado
(saco de boxeo)
migración voluntaria,
prenatal egoísmo.

2. Despropósito a la maldad,
siamés en una guerra sin combate,
vestida de año viejo,
tolerancia.
La mitad de la cama es
quemadura de azúcar,

madre de mi hija primera,
un cajón de secretos
aliado de las fugas,
mi única maldad.
Un crucigrama en la inocencia es
el patrimonio mayor
que le arranqué a mi madre.

ASIRSE SINÓNIMO . //

1. Tengo un triángulo a la izquierda del escote,
un secreto,
un puñado de libros,
la llave de la simplicidad,
el placer del escucha y una
vocal que no comparto.

2. Guardo la imagen de una boca en el hueso frontal,
una mecedora donde dormí a mi hijo cien inviernos,
un cajón de ideas incoherentes,
un sofá donde el universo resuena a mi favor,
tengo el amanecer;
prueba del calendario
a pesar de la muerte del poeta
y la dislexia.

[Antónimo]

1a. f. Morbosa manía de leer viejos libros,
el don de prescindir,
capacidad de célibe y promiscuo,
llave del desarraigo,
anárquico y libre tras las rejas,
tengo más de una vida,
la propiedad de objetos que no existen,
tengo la revelación del exconvicto
por la sumisión a un verso.

PASADO SINÓNIMO . //

1. Como muguet a la primavera,
persigue un tren en marcha
para evitar se escape lo vivido.

2. Escarnio desde la ventanilla,
arlequín en fuga.
Detrás queda lo evidente,
titubea la certeza,
lo oscuro del cabello
y tres razones.

Antónimo . //

1. Como diente de león libera certidumbre,
apaga la lámpara de noche,
se presenta futuro,
primavera,
comienza /
el camino de retorno.

ROMERIANTE DEFINICIÓN . //

1. Visito el punto cero,
espacio donde conviven premios
(que se rompen en el hastío)
pérdidas de seres que no se han marchado,
máscaras.
En el vientre de una isla burdel donde el talento y la
mediocridad beben en la misma copa,
entremuro tatuado con el
silencio del librero,
el sabor de los frijoles,
el topo y
más de un rostro se me antoja conocido.
sinónimo
nombre masculino

2. Peregrino; con un montón de versos a la espalda,
una historia en lienzo con dedicatoria,
un personaje que rompe la mandíbula al juicio y
una semana que no encuentro en las páginas del
calendario.

1. f. Epidermis:

Superficie donde tropieza el roce,
las miradas,
conviven la cicatriz y el tatuaje,
líneas que niegan una edad que me invento,
cien lunares que completan el puzle.

2. f. Dermis:

Más allá de la vista
se mezcla el púrpura de
alcoholes en reposo,
los secretos de seis generaciones,
el temblor, la casta
y la humedad de los recuerdos
para formar la piel.

3. Hipodermis:

Gruta donde no llega el sol
ni el vecino indiscreto,
el morbo no es pecado,
la desnudez, un traje de domingo;
donde no cambia la hora,
ni existen las facturas,
ni los juegos de mesa.
los amantes,
aquel hijo bastardo,
respuesta ni porqué.

FRACTURA DESCRIPCIÓN . //

1. Explota el fémur al amanecer,
una esquirla hiere el vientre del terruño,
escapan frases,
un puñado de primos,
algún que otro recuerdo.
Hilo por el ojo de la aguja
que sutura la mirada de los
presos entre verdes balostres.
Nota: (X_ray plate) como
foto de un pasado que ignoro,
quiebra la pelvis el alumbramiento,
hueso que regenera la certeza
(no existo)
médula incompatible
entre el texto y
la verdad de quien lo escribe.

2. Fisura en el título de un
libro en ciernes,
descalabro de huesos,
firmo un autógrafo en la férula
sin sospechar que el retorno comienza en el canal de
parto
cuando el hueso pélvico se transforma en mariposa.

Aɪsʟᴀʀsᴇ ᴄᴏɴᴄᴇᴘᴛᴏ . //

1. El toque de queda en los mundos que habito es
como
discursear lejos del auditorio,
alarido que ensordece al último fantasma,
tertulia del viernes con autores de antaño,
compilación de ojos para el débil visual que rompe el
trato;
(con las sombras)
con la adicción,
con la morbosa frialdad de los espejos.

2. Deshacer trato; con los clásicos,
noveles (adjetivo)
conmigo (nombre común) [persona]

Dominus (señor) glosario . //
nombre masculino

1. Desolado como el credo en día de feria,
primer día para otros
(no para mí)
que firmo un pacto en su costado y
un pergamino me declara en soledad
como sonajero que hace mute contra la brisa.
Adónde van todos en domingo,
porqué el gris,
la lluvia,
la calma que desmiente,
los niños que no gritan
el silencio del pregón.

2. Nadie enferma el domingo
y si lo hace
muere entre los brazos de un Dios que no se ha ido
en espera del dies lunae
y el comienzo del ciclo.

AVATAR SIGNIFICADO . //

nombre masculino

1. No cambiaré los huesos de encima de la piedra,
ni el columpio de lugar,
discreta entre cuartillas me escurro
con un libro que repito,
un puñado de frases,
una uña rota.

2. No pretendo ser proyecto,
ni costado,
cambio el final de "El jardín de Edén"que me dejó en
medio de la nada,
cambio de nombre y no por un seudónimo,
el lado de la cama para escapar del hueco
que produce la ausencia,
el corte de cabello,
hasta la firma y
todo porque el avatar no se me parece.

Inflexiones de 'remate' (nm): mpl: remates

1. Dispongo un cambio para el FIN,
una coartada para arracar la página,
cambio el carácter por un puñado de definiciones,
los hombros caen,
desando con el punto final,
explota la herencia
y la idea para un próximo libro.
sinónimo

2. Colofón del insomnio y el insulto,
respuesta que pasea la cubierta sin título,
el abstracto,
la foto de un poeta que muere en un intertexto y
la página final se retuerce en un espasmo.

Universo, universa

adjetivo
1. FORMAL
Universal.
nombre masculino
2. El universo es una cama donde las voces burlan el
descanso,
todo; (real o imaginario)
se reduce a esta burbuja,
al idioma del poeta,
unos ojos,
al salto que compromete signos; vitales,
de puntuación,
mancha en la vía láctea.
3. Espacio que secuestra manecillas
de órganos,
relojes,
puerta.
4. Grito al vacío,
todo cuanto existe,
lo que invento para seguir frente a la cuartilla que me
escupe,
la nada,
escarnio a la ignorancia,
lo imperceptible frente la inmensidad,
(universo, universa)

Contenido

DATOS DE LA AUTORA

Ana Ivis Cáceres De La Cruz, Sancti Spíritus (1972) Poeta y narradora, Licenciada en Estudios Socioculturales, sus obras han sido publicadas fuera de su país natal.

Entre sus libros se encuentran: Fragmentaciones del silencio (2020) Retazos (2021) Secuelas del caos (2021) publicados por la editorial Primigenios, Estados Unidos. Otros poemas y cuentos han sido publicados en Antologías como La herencia de los buenos muertos (2021) Que lo diga el mar (2022) publicadas también por la editorial Primigenios, una antología de escritoras cubanas en el exilio y Pájaro que lleva en su pico la jaula (2022) antología publicada por la editorial Dos islas. Poemas suyos aparecen publicados en revistas en Surcia, España, México y Estados Unidos.

www.ingramcontent.com/pod-product-compliance
Lightning Source LLC
Chambersburg PA
CBHW051352150726
48000CB00003B/1155